Dans la même Collection

Mon encyclo des animaux
Mon encyclo des bébés animaux
Mon encyclo des enfants du monde
Mon encyclo de la ferme
Mon encyclo de la forêt
Mon encyclo de la mer
Mon encyclo de la nature
Mon encyclo des poneys

À Léa, Suzanne et Matéo.
A.B.

À Léa et Lilian.
L.V.

Coordination éditoriale et recherche iconographique : Ccil
Montage maquette et suivi iconographique : Fanny Pallaro

www.editionsmilan.com

Loi 49-956 du 16 juillet 1949 sur les publications destinées à la jeunesse.
ISBN : 978-2-7459-4411-5
Dépôt légal : 2e trimestre 2010
Imprimé en Espagne chez Egedsa

Antoine Brin et Lionel Valladares

Mon encyclo des petites bêtes

MILAN
jeunesse

Sommaire

Le monde des petits

Bienvenue dans l'univers
des petites bêtes ! Tu peux en voir
tous les jours : sur le sol,
dans les airs, sur les fleurs
et même dans ta maison…

À la découverte des insectes

Comme les autres petites bêtes, les insectes n'ont pas d'os : ce sont des invertébrés. Par contre, ils ont une sorte de squelette externe : leur carapace.

Le carabe

Le corps des insectes est divisé en 3 parties qui se repèrent facilement chez le carabe : une tête, un thorax, prolongé par un abdomen. Cet insecte est plutôt nocturne : il se cache sous les pierres durant la journée.

Il existe plusieurs espèces de carabes. Certains sont très brillants.

La grande sauterelle verte

Comme tous les insectes, la grande sauterelle verte a 2 antennes, 6 pattes et 4 ailes. Elle trouve dans le feuillage des insectes plus petits dont elle se nourrit.

En cas de danger, la sauterelle saute grâce à ses grandes pattes arrière, mais elle sait aussi voler.

La libellule vit près des mares, des rivières ou des étangs. Idéal pour chasser d'autres petits insectes à manger !

La libellule

Les insectes ont des yeux composés d'une multitude de facettes, comme plein de petits yeux les uns à côté des autres. Ceux de la libellule recouvrent presque toute sa tête. Elle peut voir dans toutes les directions, même derrière elle !

Le papillon

Chez le papillon, les 2 paires d'ailes sont bien visibles. Elles ont des couleurs et des dessins différents selon les espèces. La tête de cet insecte porte de longues antennes.

Le citron est un papillon aussi jaune qu'un... citron ! Comme ses « cousins », tu peux le rencontrer surtout au printemps.

Parmi les araignées

Tu reconnaîtras facilement les araignées en comptant le nombre de leurs pattes : elles en ont 8 ! Leur corps est divisé en 2 parties et non en 3 comme chez les insectes.

La veuve noire

Méfiance ! La veuve noire est une espèce très venimeuse qui peut être dangereuse. Mais elle ne s'attaque pas à l'homme : elle préfère manger de plus petites bêtes.

La veuve noire est reconnaissable à ses taches rouges sur un ventre tout noir.

L'araignée-loup

Le drôle de nom de l'araignée-loup vient de sa manière de chasser : elle court après les insectes ! Mais si elle reste sans bouger sur le sol, tu peux passer à côté sans la voir.

L'araignée-loup, comme la plupart des araignées, possède 8 yeux simples, sans facettes !

L'épeire

Pour attraper des insectes en vol, l'épeire tisse une belle toile. Piégées dans les fils, ses proies ne peuvent plus repartir. Elles sont tuées puis mangées par l'araignée.

Regarde la belle toile de l'épeire : ses fils sont en soie !

L'araignée-crabe

Les 2 paires de pattes avant de l'araignée-crabe sont beaucoup plus grandes que les autres. Elles sont souvent en l'air, repliées sur elles-mêmes et font penser aux pinces d'un crabe.

L'araignée-crabe attaque par surprise un insecte lorsqu'il se pose sur une fleur.

L'araignée sauteuse

Difficile d'attraper l'araignée sauteuse ! Elle s'échappe en faisant des sauts qui peuvent atteindre 20 cm. Pour ne pas tomber, elle prend toujours soin de rester attachée à un fil de soie dès qu'elle saute.

L'araignée sauteuse capture des insectes en leur sautant dessus.

Les scorpions et leurs cousins

Les scorpions et d'autres petits invertébrés font partie avec les araignées du groupe des arachnides. Comme elles, ils ont 4 paires de pattes, des yeux simples et n'ont ni ailes ni antennes.

Le scorpion

À la différence de l'araignée, le scorpion possède 1 paire de grosses pinces. Et son abdomen se termine par une sorte de petite épine appelée aiguillon.

Avec son aiguillon, le scorpion injecte du venin qui paralyse les insectes dont il se nourrit.

L'amblypige

Présent depuis très longtemps sur Terre, l'amblypige vit dans les régions tropicales. Le jour, il se cache dans des fissures d'arbres ou de rochers. La nuit, il chasse de petits insectes.

Les pattes de l'amblypige sont longues et très fines. Malgré son aspect effrayant, il est parfaitement inoffensif.

Le pseudoscorpion vit sous les écorces ou sous les feuilles mortes.

Le pseudoscorpion

Le pseudoscorpion, également appelé « faux-scorpion », mesure entre 2 et 8 mm. Contrairement aux vrais scorpions, il n'a pas de queue terminée par un aiguillon. Il se nourrit d'acariens, de collemboles ou de fourmis.

Le faucheux

Appelé aussi « opilion », le faucheux se reconnaît grâce à ses pattes fines et très longues. Il les perd facilement : tu peux donc trouver des faucheux avec moins de 8 pattes !

Tu peux voir des faucheux dans les prés, dans les bois ou... chez toi ! Ils ne sont pas dangereux.

Du côté des crustacés

Toutes les parties du corps des crustacés sont protégées par une carapace articulée. Ils possèdent 2 paires d'antennes.

L'écrevisse

L'écrevisse est un crustacé d'eau douce qui vit dans le monde entier. Elle possède de grosses pinces, ce qui la fait ressembler aux homards, ses cousins d'eau de mer.

Comme les autres crustacés, l'écrevisse déploie ses 5 paires de pattes pour avancer.

Le cloporte

Contrairement à la majorité des crustacés, qui vivent dans l'eau, le cloporte se rencontre sur terre, souvent dans des endroits humides et sombres. Il se nourrit de feuilles mortes.

Grâce à sa carapace articulée, le cloporte peut se rouler en boule lorsqu'il sent un danger.

La crevette à bouclier a une allure étrange qui la fait ressembler à... un bouclier !

La crevette à bouclier

La crevette à bouclier, également appelée triops, possède 3 yeux. Elle vit dans les mares. C'est un fossile vivant : elle n'a pas évolué depuis l'âge des dinosaures !

Lorsque le courant est puissant, la crevette d'eau douce s'abrite parmi la végétation.

La crevette d'eau douce

Le nom scientifique de la crevette d'eau douce est le « gammare ». Elle nage ou rampe au fond des cours d'eau en se déplaçant sur le flanc. On en vend séchées pour nourrir les poissons rouges.

Au pays des mille-pattes

Difficile de compter le nombre de pattes d'un mille-pattes sans l'attraper ! En réalité, il n'en a pas autant...

L'iule se met en spirale dès que tu le déranges.

L'iule

L'iule ressemble à un ver de terre mais il a de petites pattes minuscules et il est tout noir. Son corps s'allonge au fur et à mesure qu'il vieillit. En comparant 2 iules, tu peux donc savoir lequel est le plus âgé. C'est le plus long !

La scolopendre

Pour tuer des petites bêtes et les manger, la scolopendre utilise ses 2 crochets. Dans certains pays, elle est parfois très grosse : sa morsure est alors dangereuse pour l'homme.

Le jour, la scolopendre se cache sous les pierres ou les écorces.

La scutigère

Tu peux voir la scutigère courir sur les murs de ta maison. Elle sort la nuit pour chasser des insectes, qu'elle tue avec ses crochets situés sous sa tête.

Les grandes pattes de la scutigère lui permettent de courir très vite.

Chez les mollusques

Tout mous en apparence, les mollusques n'ont pas de pattes. Ils se déplacent en glissant sur le ventre ou en se laissant emporter par le courant pour ceux qui vivent dans l'eau.

La limnée

Présente dans les mares, la limnée se trouve aussi souvent dans... les aquariums ! Elle les nettoie en mangeant les petites algues qui poussent sur les parois ou sur les feuilles des plantes.

La limnée est un petit escargot avec une jolie coquille en spirale et une drôle de tête !

L'escargot de Bourgogne

L'escargot a 4 tentacules longs et souples. Si tu les touches, ils se replient ! Au bout des 2 plus grands se trouvent les yeux. Lorsque tu prends un escargot dans ta main, il rentre à l'abri dans sa coquille.

L'escargot de Bourgogne est le plus gros escargot vivant en France.

Souvent cachée sous les pierres, la limace sort quand il pleut.

La limace

Facile à repérer, la limace laisse un filet de bave sur son passage. Parfois présente dans le jardin, elle adore manger les feuilles des salades. Il existe des limaces rouges, noires ou grises.

Plein les yeux !

Les insectes et autres petites bêtes ont des couleurs et des formes très variées. Parfois, on a l'impression qu'ils portent un vrai déguisement, comme au carnaval !

Belles ailes

Les ailes d'un insecte sont souvent bien cachées quand il ne vole pas. Mais lorsqu'il les ouvre, elles révèlent leurs couleurs ou leurs dessins splendides.

Des ailes transparentes

Seuls les adultes des éphémères ont des ailes. Elles sont presque entièrement transparentes. Tu vois seulement quelques lignes plus foncées : les « nervures ». Elles rendent les ailes plus solides.

L'éphémère garde ses ailes repliées l'une contre l'autre au-dessus de son corps quand il ne vole pas.

Lorsque le criquet appelé « œdipode turquoise » s'envole, c'est un éclair bleu qui passe !

Des ailes colorées

Certains insectes ont des ailes aux couleurs très vives. Ils sont alors facilement visibles dans la nature. Mais on ne sait pas toujours si ces couleurs jouent un rôle particulier… Mystère !

Une poussière d'écailles

Les ailes du papillon sont recouvertes de toutes petites écailles, comme le toit d'une maison est recouvert de tuiles. Fragiles, ces écailles s'enlèvent facilement. C'est la poudre que tu gardes sur les doigts si tu touches les ailes.

Les écailles sur les ailes des papillons sont en réalité des poils très aplatis.

De toutes les couleurs

Les petites bêtes peuvent avoir les ailes, la tête ou tout le corps très colorés. C'est parfois pratique pour se défendre ou se cacher !

Il faut que ça brille !

Certains insectes ont un corps à l'aspect « métallique » spectaculaire. Ces couleurs sont dues au reflet de la lumière. Elles peuvent donc changer selon la manière dont tu regardes la petite bête.

La guêpe de feu doit son nom à ses couleurs vives et brillantes.

Multicolore

Il existe dans le monde des petites bêtes toute une palette de couleurs. Elles sont parfois très utiles pour repousser les ennemis. Par exemple, celles d'un papillon appelé monarque préviennent les oiseaux qu'il n'est pas bon à manger. Efficace lorsqu'il effectue son très long voyage annuel !

Le monarque est un papillon aux couleurs intenses qui se reconnaît à ses ailes orange et noir.

Ce charançon
à la tenue bariolée
bleue et noire vit
dans des forêts vierges
d'Océanie.

Des rayures

Avec de belles rayures colorées, on se fait facilement repérer au beau milieu des arbres. Les scientifiques se demandent à quoi sert un tel « maquillage ». Toutes les espèces n'ont pas encore livré leur secret…

Comme un bijou

Depuis très longtemps, les hommes sont fascinés par les éclats multicolores d'insectes splendides. Ils les ont parfois utilisés pour fabriquer des broches, des boucles d'oreilles ou des colliers.

Paré de couleurs éclatantes
et métalliques, le bupreste
est si beau qu'il est surnommé
le « scarabée bijou »
par les Anglais.

Étonnantes textures

Si tu touches des petites bêtes, tu sentiras des « matières » différentes. Leur corps peut être mou ou dur, lisse ou poilu, doux ou rugueux, sec ou visqueux...

Un solide bouclier

Les coléoptères sont des insectes qui ont une carapace composée de 2 élytres. Ce sont des ailes dures qui s'ouvrent lorsque la petite bête veut s'envoler. La deuxième paire d'ailes cachée peut alors se déployer.

Les coléoptères se reconnaissent à la carapace dure et brillante qu'ils ont sur le dos.

Les cochenilles qui ont pondu sont à l'abri sous leur carapace collée à l'arbre. Les boules de « coton » contiennent des œufs.

De la cire et du coton

La cochenille floconneuse vit en groupe sur les arbres. La colonie est faite de petites boules blanches, qui ressemblent à du coton, et de petites coques marron et lisses comme de la cire.

Avec son corps recouvert de poils très serrés, la mouche volucelle ressemble à un petit bourdon.

Une jolie fourrure

Le manteau de fourrure des abeilles, des bourdons et de certaines mouches est souvent recouvert par de la poussière ou du pollen. Il doit donc être nettoyé régulièrement. Les insectes utilisent pour cela leurs pattes arrière ou avant.

Un corps tout mou

Le corps de la limace peut s'agrandir et se rétrécir car il est souple. Si tu le touches, ton doigt sera tout gluant car la limace produit une sorte de salive pour pouvoir glisser dessus.

La limace a une peau molle et brillante.

En pleine forme !

Les petites bêtes arborent des formes étranges : arrondie, aplatie, pointue... Certaines sont très originales.

Tout pointu

De nombreux insectes ont un corps allongé, effilé ou pointu. Les phasmes ressemblent à une branche fine. Le membracide bison a la forme d'une épine de rosier.

Le membracide-bison est un proche cousin de la cigale. Son thorax trapu est prolongé vers l'arrière : on dirait un casque de cycliste !

Tout en rondeur

Beaucoup d'insectes, comme la coccinelle par exemple, ont une forme arrondie et ont la capacité de replier leurs pattes et leurs antennes en cas de danger. Ils ressemblent alors à une mini-boule ou à une demi-boule !

La casside a une carapace ronde et aplatie qui laisse juste dépasser ses 2 antennes. C'est pourquoi on la nomme aussi scarabée-tortue.

Cette chenille à la forme étonnante s'appelle grande-queue fourchue : lorsqu'elle est agressée, elle redresse sa « queue ».

Drôles de chenilles

Certaines chenilles sont lisses, mais la plupart possèdent d'étranges bosses ou des poils colorés sur tout le corps. Pas forcément empoisonnées ou piquantes, ces excroissances rendraient la chenille moins appétissante pour ses prédateurs.

Drôles de bouches...

La bouche des petites bêtes est très différente de la tienne ! Elle sert principalement à manger, parfois à tuer ou à se défendre...

Des bouches multiformes

La bouche des insectes se compose de plusieurs parties dont la forme est très variable. Certains utilisent une paire de pinces, les mandibules, pour capturer des petites bêtes et les découper afin de les manger. Elles peuvent également servir à se battre ou à grignoter le bois. D'autres insectes ont une trompe comme le papillon ou une langue comme les abeilles.

La bouche des papillons s'enroule et se déroule comme un serpentin. Elle permet d'aspirer le nectar caché au fond des fleurs à la manière d'une paille !

Chez chaque espèce d'abeille, la bouche en forme de langue est adaptée à une fleur ou à un groupe de fleurs.

Le lucane cerf-volant mâle a des mandibules démesurées ! Il les utilise pour se battre contre ses adversaires mais les tue rarement.

Les recordmans

Une force incroyable, une taille géante ou minuscule, des comportements inattendus : les petites bêtes n'ont pas fini de te surprendre !

Les minuscules

Pour voir les petites bêtes, il faut souvent se pencher sur l'herbe ou s'allonger par terre. Certaines sont même invisibles à l'œil nu !

La puce d'eau

La daphnie, surnommée « puce d'eau », est un étrange petit crustacé qui mesure seulement de 1 à 5 mm. Présente dans les eaux douces et stagnantes, elle nage par à-coups. Elle est souvent utilisée comme aliment pour les poissons d'aquarium.

La daphnie doit son surnom de « puce d'eau » à sa petite taille et à sa manière de se déplacer dans l'eau.

L'acarien

Appartenant au même groupe que les araignées, l'acarien est présent partout : sur certaines croûtes de fromage, sur le jambon, sur les feuilles des plantes ou encore dans la moquette. Il vit en colonie.

Tu peux voir certains acariens à l'œil nu, mais d'autres sont microscopiques. Celui-ci est grossi plus de 100 fois.

Le collembole

Les plus gros collemboles atteignent à peine 1 cm de long. Mais certains ne mesurent que 0,2 mm. En forêt, au milieu des feuilles mortes, on peut en compter jusqu'à 400 000 dans un carré de 1 m de côté !

Le collembole est un tout petit insecte sans ailes qui vit dans le sol. Parfois, il saute.

Les énormes

Pas si petites que ça, les « petites » bêtes ! Mais si tu veux rencontrer les plus grosses, il faudra voyager loin car elles ne vivent pas en France.

La reine Alexandra

Habitant des forêts tropicales de Papouasie-Nouvelle-Guinée, la reine Alexandra est le plus grand papillon de jour connu. Cet insecte est un « ornithoptère », ce qui veut dire que c'est un papillon « à ailes d'oiseau ».

La femelle de l'ornithoptère de la reine Alexandra peut atteindre 28 cm lorsque ses ailes sont ouvertes.

L'escargot géant africain

Lorsqu'il s'installe dans un nouvel endroit de la planète, l'escargot géant africain devient un gros problème car il mange beaucoup ! Il dévore notamment les plantes des jardins et les cultures agricoles, ce qui est très gênant pour les hommes.

Également appelé l'achatine, l'escargot géant africain peut dépasser 20 cm et peser jusqu'à 800 g !

Le weta géant

La femelle du weta géant peut peser jusqu'à 60 g avant de pondre ! C'est l'un des insectes les plus lourds du monde. Il sort la nuit pour manger des feuilles, des fruits ou des graines.

Le weta géant ressemble un peu à une grande sauterelle sans ailes. Il vit en Nouvelle-Zélande.

Le titan

Doté de solides mandibules et de 3 épines de chaque côté du thorax, le titan mesure parfois 16 cm de longueur… sans compter ses antennes ! C'est le plus grand coléoptère de la forêt amazonienne… peut-être même du monde !

Le titan est presque aussi large qu'une main d'adulte !

La mygale de Leblond

L'une des plus grandes mygales connues au monde est la mygale de Leblond, qui peut atteindre 25 cm ! Elle se nourrit d'insectes mais parfois aussi de grenouilles et même de rongeurs !

Plus grande qu'une main, la mygale de Leblond est particulièrement agressive. Elle vit dans la forêt amazonienne.

Spectaculaire !

Malgré leur taille minuscule, certaines petites bêtes ont une force impressionnante, d'autres se déplacent à une vitesse incroyable. Ce sont des championnes !

La reine des airs

L'insecte le plus rapide du monde est une libellule australienne. Elle se déplace beaucoup plus vite que toi en vélo. Elle peut voler jusqu'à 60 km/h.

La libellule est un vrai acrobate aérien car elle peut voler à reculons et changer rapidement de direction !

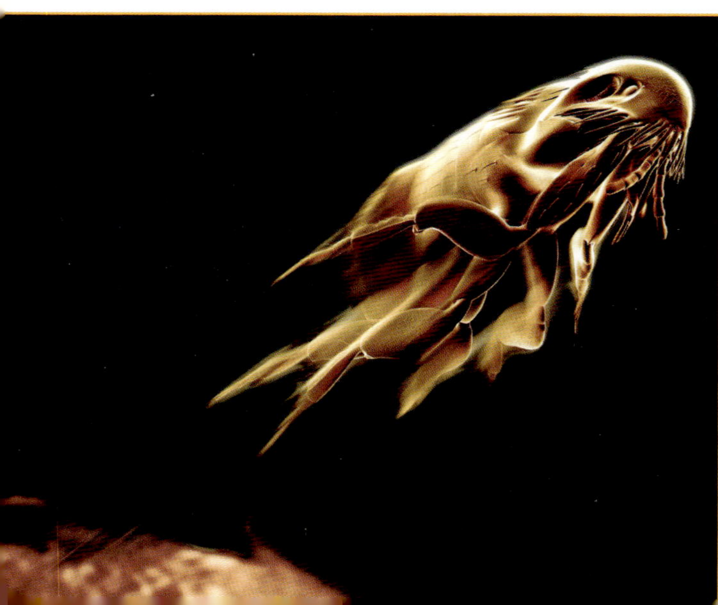

Un saut de puce

L'une des puces vivant sur les chiens est capable de faire un saut de 48 cm de long alors qu'elle mesure moins de 4 mm. C'est comme si un homme sautait par-dessus 2 terrains de football !

À la moindre alerte, la puce (vue ici au microscope) fait des sauts incroyables grâce à ses pattes arrière qui agissent comme des ressorts.

Le dynaste hercule est aussi appelé « scieur de long » car, autrefois, on croyait qu'il pouvait couper le bois avec ses cornes !

Une pince efficace

Le mâle du dynaste hercule est armé de 2 longues cornes qui forment une pince très puissante capable de couper un autre individu. Cela se produit parfois lorsque 2 mâles se battent pour s'accoupler avec une femelle.

Déplacer une montagne !

Il existe des scarabées capables de déplacer une boule de crottin pesant 50 fois leur propre poids ! Pour la transporter, ils la poussent en se tenant sur leurs pattes avant.

Le scarabée emporte une énorme boule de crottin vers son terrier pour nourrir ses larves.

Drôles de vies...

La vie d'un insecte, qui dure de quelques heures à plusieurs années, n'est pas simple. À sa naissance, c'est une larve. Puis il se transforme en adulte lors de la métamorphose.

Une double vie

Le hanneton vit deux vies très différentes. La larve reste sous terre pendant 3 ans et se nourrit de racines de diverses plantes. L'adulte vit dans les airs et adore les feuilles des arbres.

La larve du hanneton ressemble à un gros ver blanc. Difficile d'imaginer qu'elle deviendra un bel adulte ailé !

À l'aventure !

Tout juste sortie de son œuf, la larve du méloé s'accroche aux pattes d'une abeille. Elle espère ainsi atterrir dans le nid pour y manger un œuf et se transformer en une larve sans pattes ! Elle dévore ensuite le pollen et le nectar accumulés par l'abeille pour devenir un adulte.

L'adulte du méloé se reconnaît assez facilement avec son gros abdomen qui dépasse largement les élytres.

La cigale périodique doit son nom au fait qu'il peut se passer plusieurs années sans que tu voies un seul adulte !

Une longue enfance

La cigale périodique a la particularité de rester très longtemps dans le sol sous forme de larve : entre 13 et 17 ans ! Après, les adultes sortent de terre tous en même temps et par milliers pour se reproduire.

Une vie courte

Une fois qu'il a pris son apparence d'adulte, l'éphémère ne vit que quelques heures. Il les passe au-dessus de l'eau. Et parfois, un poisson affamé rendra cette vie encore plus brève !

Pendant ses quelques heures de vie, l'éphémère se reproduit. Sa larve va passer plusieurs mois sous l'eau.

Les papillons migrateurs

Tout comme certains oiseaux, plusieurs espèces de papillons sont capables de parcourir de grandes distances pour se reproduire ou passer l'hiver au chaud.

Des voyageurs pressés !

Au printemps ou à l'automne, tu peux observer un grand nombre de papillons volant ensemble sans prendre le temps de s'arrêter butiner une fleur. Ils sont en pleine migration. Contrairement aux oiseaux, les adultes qui font le voyage aller vers le nord meurent après s'être reproduits. Ce sont leurs petits qui reprendront le chemin inverse vers le sud.

Partant d'Afrique du Nord, l'infatigable belle-dame effectue un voyage de 3 000 à 4 000 km. Pourtant, chacune de ses ailes ne dépasse pas 3 cm !

Les sphinx tête-de-mort qui vivent dans nos régions sont nés en Afrique. La traversée de la Méditerranée ne leur pose aucun problème.

Le monarque est célèbre pour ses migrations massives et spectaculaires de millions d'individus partant de l'Amérique du Nord pour le Mexique, à l'approche de l'hiver.

Naître et grandir

Qu'elle dure quelques jours ou plusieurs années, la vie d'une petite bête se déroule en plusieurs étapes. L'œuf deviendra une larve, puis un adulte prêt à se reproduire.

Se reproduire

Les œufs se forment dans le ventre de la femelle. Une fois « fécondés » par la semence d'un mâle, ils peuvent éclore et donner naissance aux larves.

L'accouplement

Si tu vois 2 individus l'un sur l'autre, ne les dérange pas ! Ils sont probablement en plein accouplement. Le mâle est agrippé au dos de la femelle. Le duo ainsi formé peut même s'envoler comme chez la mouche ou la libellule.

L'accouplement permet de voir les différences de taille, de forme ou de couleur entre le mâle et la femelle. C'est le « dimorphisme sexuel ».

À distance

La fécondation ne nécessite pas toujours la rencontre d'un mâle et d'une femelle ! Les mollusques bivalves, comme la moule ou l'huître, libèrent leurs œufs et leur semence dans l'eau. La fécondation se fait au gré des courants…

La moule zébrée est une espèce d'eau douce. Elle ouvre sa coquille afin d'envoyer sa semence dans l'eau.

Père et mère à la fois

Un escargot ou un ver de terre est à la fois mâle et femelle. On dit qu'ils sont hermaphrodites. Cependant, il doit y avoir un accouplement pour que des petits puissent naître.

Après l'accouplement, chacun des 2 escargots donne naissance à des petits.

Un baiser baveux

Les limaces s'accouplent en échangeant des petits paquets gélatineux. Certaines sont de vraies acrobates : le duo s'enlace et reste suspendu en l'air par un épais filet de bave. C'est un spectacle le plus souvent nocturne...

Pour s'accoupler, les limaces s'échangent de la bave contenant la semence. Elle sort d'un trou situé derrière la tête.

Sans papa !

Chez certaines espèces, un œuf non fécondé peut quand même éclore. Ce phénomène, appelé « parthénogénèse », permet à la femelle d'économiser son énergie car elle n'a pas à rechercher un mâle ni à s'accoupler. Une stratégie efficace pour se reproduire vite !

La femelle du phasme-brindille peut donner naissance à des larves femelles sans l'aide d'aucun mâle.

La naissance

Qu'il soit à l'air libre ou caché, seul ou en groupe, l'œuf constitue le premier stade de la vie d'une petite bête. Cette étape peut durer de quelques jours à plusieurs mois.

Un berceau étrange

Les plantes qui reçoivent la ponte de certaines petites guêpes réagissent bizarrement. Elles développent une excroissance, ou « galle », dont la forme et la couleur varient selon l'espèce d'insecte qui a pondu. Chaque galle abrite une ou plusieurs larves.

Le bédégar ou galle du rosier cache des larves. Si tu vois un petit trou, c'est qu'un insecte est déjà sorti !

Dans un cocon

Utile pour tisser une toile, la soie des araignées sert également à fabriquer un solide cocon pour abriter les œufs et les transporter. Un seul cocon contient plusieurs dizaines d'œufs.

Si tu aperçois une araignée avec une petite boule blanche accrochée à son abdomen, c'est une femelle portant son cocon !

Des œufs suspendus

La femelle de la chrysope, ou lion des pucerons, prend soin de laisser ses œufs à proximité d'une source de nourriture : une colonie de pucerons. Les jeunes larves carnivores auront ainsi facilement accès à leurs premières proies.

Les œufs du lion des pucerons sont faciles à reconnaître : chacun est attaché à un petit filament appelé « pédicelle ».

Au grand air

Les papillons et les punaises déposent leurs œufs sur les feuilles ou sur les tiges de plantes soigneusement choisies. Bien que minuscules, ces œufs sont visibles et parfois très colorés. Ils sont solidement attachés pour résister au vent.

Les œufs de la mante religieuse sont pondus sous la forme d'un petit paquet solide, fixé sur une plante.

Ces œufs de punaise, déposés sur une feuille, mesurent moins de 2 mm.

Une ponte groupée

La mante religieuse dépose tous ses œufs dans un emballage particulier appelé « oothèque ». Celle-ci est recouverte d'une couche isolante qui protège les œufs contre les intempéries, et leur permet ainsi de passer l'hiver bien à l'abri.

Des parents attentifs

Une fois sortie de l'œuf, la jeune larve doit se nourrir et se protéger pour devenir un jour un adulte. Selon les espèces, elle se débrouille seule ou se fait aider par ses parents.

Protection rapprochée

Que ce soit pour les défendre contre l'appétit du mâle ou pour les nourrir, la femelle reste parfois à proximité de ses petits. C'est le cas du perce-oreille ou de certaines punaises qui ne s'éloignent pas des jeunes larves pendant les premiers jours de leur vie.

Après avoir pris soin de ses œufs en les nettoyant tous les jours, la femelle du perce-oreille surveille ses petits fraîchement éclos.

Transport en commun

Chez les scorpions et certaines araignées, la femelle protège ses jeunes pendant les premiers jours de leur vie. Elle peut en transporter plusieurs dizaines sur son abdomen.

Juchés sur l'abdomen de leur mère, les jeunes scorpions ne craignent aucun prédateur !

Confier la garde

La femelle de l'abeille-coucou pond dans le nid d'une autre abeille. Ensuite, elle ne s'occupe plus de rien ! L'abeille qui a reçu les œufs sans s'en apercevoir va les soigner comme si c'étaient les siens.

La femelle de l'abeille-coucou se comporte comme celle de l'oiseau du même nom.

Grandir

La plupart des petites bêtes grandissent par étapes, appelées mues, avant de se transformer en adulte lors de la métamorphose.

Faire peau neuve

Crustacés, insectes, araignées et scorpions ont une enveloppe rigide, la cuticule, qui ne leur permet pas de grandir progressivement comme toi. Au cours de leur vie larvaire, ils se débarrassent plusieurs fois de cette « peau », lors des mues de croissance.

L'enveloppe transparente que laisse la petite bête après sa mue s'appelle une exuvie. Tu peux parfois en trouver une accrochée aux plantes.

Les jeunes araignées sont presque comme des adultes, mais en plus petit !

Métamorphose incomplète

Lorsque la larve ressemble déjà beaucoup à l'adulte, sa croissance est dite « graduelle ». Son apparence change progressivement ; ses ailes s'agrandissent ou ses couleurs évoluent vers celles de l'adulte par exemple.

La petite biche est d'abord une larve blanchâtre, puis une nymphe immobile, et enfin un lucane adulte avec des élytres.

Métamorphose complète

Les larves de papillons, de mouches ou de coléoptères sont tellement différentes des adultes que leur croissance se finit par une transformation profonde. Pendant cette étape, l'insecte reste immobile et prend une nouvelle forme appelée « nymphe ».

Une croissance permanente

Présente dès la naissance, la coquille de l'escargot s'agrandit progressivement tout au long de sa vie. De fines couches s'ajoutent les unes aux autres, ce qui forme des rayures. La coquille devient de plus en plus épaisse.

La croissance de l'escargot ne s'arrête jamais. Mais, à partir de l'âge de 5 ans, elle se ralentit et il grandit très peu.

La vie d'un papillon

La larve de papillon se nourrit de feuilles et se déplace en rampant. Elle deviendra un adulte capable de voler et muni d'une trompe pour aspirer le nectar des fleurs.

Métamorphose

Presque entièrement noire à sa naissance, la chenille de la petite tortue ne mesure que quelques millimètres. En se nourrissant de feuilles d'ortie, elle grandit pour atteindre plus de 2 cm. Son corps est alors recouvert de 4 bandes jaune verdâtre. Elle s'enferme ensuite dans un cocon, appelé « chrysalide », dans lequel elle se transforme en adulte.

Les jeunes chenilles du papillon appelé petite tortue vivent en groupe pendant les premières semaines de leur vie.

Attachée à une feuille ou à une tige, la chrysalide change de couleur au fil des jours.

Après environ
2 semaines passées
dans sa chrysalide,
l'insecte sort pour s'envoler
sous la forme d'un adulte
aux ailes bien colorées !

Vivre en société

Les petites bêtes ne parlent pas mais elles communiquent… parfois de façon étonnante. Des insectes comme les abeilles, les fourmis ou encore les termites, vivent même ensemble !

Communiquer

Les petites bêtes ont plusieurs moyens pour communiquer : le toucher, les odeurs, les sons et... la lumière !

Les fourmis d'une même colonie se reconnaissent entre elles en se touchant les antennes : chaque fourmilière possède une odeur particulière.

Se toucher les antennes

Les fourmis se tapotent souvent les antennes, soit pour attirer l'attention des autres, soit pour reconnaître leurs odeurs. Ce mode de communication s'accompagne fréquemment d'un échange de nourriture directement de bouche à bouche appelé « trophallaxie ».

« Chanter »

Les insectes n'utilisent pas leur bouche pour chanter. Ils émettent des sons avec d'autres parties de leurs corps. Le criquet « stridule » en frottant ses pattes arrière contre ses élytres. La cigale fait vibrer 2 petits organes appelés cymbales, situés sous son abdomen.

Le mâle de la cigale chante fort pour attirer une femelle. Mais il s'arrête dès que tu t'approches de lui !

Le mâle de l'écaille sent l'odeur d'une femelle à plusieurs kilomètres grâce à ses antennes plumeuses.

Quel flair !

La communication entre les petites bêtes passe souvent par des échanges d'odeurs appelées « phéromones ». Les insectes n'ont pas de nez : ils utilisent leurs antennes pour capter ces odeurs.

Une lampe de poche

Les lucioles et les vers luisants produisent une petite lumière verdâtre que tu peux voir les soirs d'été. Cette lumière est dite « froide » car elle ne chauffe pas comme celle d'un feu ou d'une ampoule. Elle est utilisée par les femelles pour attirer les mâles.

Le lampyre est appelé « ver luisant » car la femelle qui émet la lumière ressemble à un ver, alors que c'est un insecte.

La termitière

Les termites n'aiment pas la lumière. Ils vivent à l'abri, dans une termitière. Les plus spectaculaires se rencontrent dans des pays très chauds.

Une reine dodue

Après l'accouplement, la reine pond pendant tout le reste de sa vie : 1 œuf toutes les 2 secondes pendant 15 ans chez certaines espèces ! Elle donne donc naissance à des millions d'individus.

L'abdomen de la reine devient tellement énorme qu'elle a du mal à se déplacer. Elle est nourrie par les ouvriers.

Des soldats redoutables

Les termites qui doivent défendre le nid possèdent des mandibules très grosses. Ils mordent ou lancent un produit toxique sur leurs ennemis. Les soldats ne savent faire que la guerre. Ce sont les termites ouvriers qui les nourrissent !

Le termite soldat se reconnaît à sa grosse tête rousse et ses grandes pinces ou « mandibules ».

Une « maison » climatisée

Construite en terre mâchée et durcie par le soleil, la termitière est très solide. Les murs laissent entrer un peu d'air et la température reste stable même s'il fait très chaud dehors. Tout comme ta maison, la termitière est constituée de plusieurs chambres reliées par des couloirs.

En Afrique ou en Australie, la termitière est très imposante, haute et large. C'est pourquoi on l'appelle « cathédrale ».

La fourmilière

Si tu suis une fourmi, tu arriveras tôt ou tard à sa « maison », la fourmilière. Elle y rejoint les autres ouvrières et la reine.

Un abri plein de vie

Qu'elle soit bien visible ou cachée sous terre, la fourmilière est toujours constituée de nombreuses galeries qui relient des chambres. Certaines abritent des œufs ou des larves, d'autres sont utilisées comme garde-manger ou pour cultiver des champignons.

Dans les bois, les fourmis rousses utilisent des débris de végétaux pour construire une fourmilière en forme de dôme.

Des fourmis volantes !

Au printemps, des mâles et des femelles venus de différentes fourmilières s'envolent : c'est le vol nuptial. Les femelles qui se sont accouplées iront chacune fonder une nouvelle fourmilière. Et elles perdront leurs ailes.

Une fois par an, tu peux voir des fourmis avec des ailes : elles s'apprêtent à se reproduire… en plein vol !

Le couvain

La reine confie ses œufs à des ouvrières spécialisées, les nourrices. Ces fourmis forment des tas de larves en plaçant les plus jeunes au centre et les plus âgées à l'extérieur. Elles nourriront ainsi en priorité les plus âgées qui seront les prochains adultes.

Le tri et le transport des œufs, des larves et des nymphes sont les tâches quotidiennes des ouvrières du couvain.

Une reine cachée

Une fois installée, la reine reste à l'abri pour pondre des œufs. Il est donc très difficile de la voir... Mais il ne faut pas toucher la fourmilière, car des milliers de soldats protègent la reine et courent dans tous les sens à la moindre alerte !

Dans une colonie de fourmis, la reine est la plus grosse. Elle vit plusieurs années.

La ruche

Une colonie d'abeilles est formée d'une reine, de plusieurs dizaines de milliers d'ouvrières et de quelques centaines de mâles appelés « faux-bourdons ».

L'essaim d'abeilles

Le nid des abeilles est installé dans une ruche naturelle (creux d'arbre par exemple) ou construite par l'homme. Au printemps, s'il y a trop d'abeilles, la moitié de la colonie part avec la reine à la recherche d'un nouvel endroit où s'installer : elles forment un essaim.

Lorsqu'un essaim se pose sur la branche d'un arbre, les abeilles s'accrochent les unes aux autres.

La danse des abeilles

Lorsqu'une abeille a trouvé une source de nourriture, elle en indique la direction et la distance aux autres ouvrières en s'agitant d'une manière très particulière. On parle de « danse » car l'abeille se déplace en formant un rond ou un « 8 » et en frétillant plus ou moins.

Les abeilles ne peuvent pas parler comme toi. Mais elles communiquent entre elles en dansant !

La reine se reconnaît à son abdomen très long. Elle est toujours entourée d'ouvrières qui la nourrissent.

Une seule reine !

Toutes les ouvrières sont « sœurs » car elles ont la même « mère », la reine des abeilles. Celle-ci vit plusieurs années tandis que les ouvrières meurent au bout de quelques semaines ou de quelques mois.

À chacun ses armes

Piquer, mordre, tricher, se cacher… Les petites bêtes utilisent des armes redoutables et des astuces étonnantes pour se défendre ou pour attaquer.

Ça pique !

Certaines petites bêtes piquent pour se nourrir ou pour se défendre. Elles peuvent injecter des venins très puissants, et même dangereux pour l'homme.

Le venin

Le venin est un poison fabriqué par certains animaux. Il sert soit à faire fuir un agresseur, soit à immobiliser ou tuer des proies dans le but de les manger.

Le scorpion se nourrit uniquement de proies vivantes, qu'il tue à l'aide de son venin.

Le dard

Pour injecter le venin, les petites bêtes ont besoin d'une fine aiguille, que l'on appelle dard. Il est situé au bout de l'abdomen. Chez l'abeille, il ne sert qu'une fois car il se détache et reste planté dans la victime.

La guêpe n'hésite pas à piquer plusieurs fois de suite avec son dard lorsqu'elle se sent agressée.

Paralyser

La femelle de l'ammophile paralyse une chenille sans la tuer et la transporte jusqu'à son nid. Un œuf est pondu directement sur le corps de la victime. La larve dévorera la chenille, paralysée mais encore vivante !

La femelle de l'ammophile capture une chenille en la paralysant avec plusieurs piqûres.

Aspirer

Certains insectes comme le taon piquent avec leur rostre, sorte de seringue qui leur sert de bouche. Dans ce cas, c'est pour se nourrir du sang d'autres animaux… ou de l'homme ! Souvent, ces petites bêtes se posent sans se faire remarquer grâce à leur vol silencieux.

Le taon n'injecte pas de venin mais il aspire le sang avec son rostre.

Injecter

Avec son rostre, le réduve injecte un venin pour calmer sa proie. Ce produit transforme l'intérieur de sa victime en une sorte de bouillie qu'il n'a plus qu'à aspirer. Si tu l'embêtes, il est capable de transpercer ta peau : c'est très douloureux !

On dit que le réduve est un insecte « piqueur-suceur » car il transperce sa victime avant d'aspirer tout ce qu'il y a dedans…

Je te mords...

Les prédateurs sont des espèces qui se nourrissent d'autres petites bêtes. Ils utilisent leurs mandibules comme de véritables poignards !

Coup de pattes

Les pattes avant de la mante religieuse forment des pinces très efficaces pour capturer des petites bêtes avant de les mordre. Elles se déplient comme un ressort dès qu'un insecte passe à proximité. Impossible de s'enfuir une fois pris au piège !

La mante religieuse croque à pleines mandibules la proie qu'elle a attrapée avec ses pattes avant.

La scolopendre injecte un poison en mordant ses proies avec ses crochets appelés « forcipules ».

Crochets empoisonnés

La morsure de certaines petites bêtes devient plus rapidement mortelle si elle est associée à un venin. Elle peut également être douloureuse pour l'homme !

Cet asilide vient de capturer en vol une libellule plus grosse que lui.

Mort en plein vol !

Les asilides chassent en vol. Leur proie meurt quasi instantanément sous l'effet d'une morsure qui coupe une fine membrane située entre la tête et le thorax. C'est également une technique pour se défendre !

De longues pinces

Les prédateurs se reconnaissent parfois facilement à leurs mandibules. Lorsqu'elles sont très longues, la petite bête mord profondément ses victimes, parfois des larves de grande taille.

Grâce à ses longues mandibules, la cicindèle attrape les chenilles facilement.

Redoutable mygale

La mygale n'est pas une araignée agressive : quand elle mord un intrus, c'est pour se défendre. Certaines espèces prennent même la fuite...

Les armes de la mygale

La mygale dispose de plusieurs armes pour se défendre. Elle commence par essayer d'intimider son agresseur en mettant ses pattes et ses crochets venimeux en avant. Si cela ne suffit pas, elle lui envoie des poils urticants. La morsure vient en dernier recours. Elle injecte alors un venin qui paralyse sa proie.

La mygale a le dos couvert de milliers de poils urticants. Elle les projette sur son agresseur comme des fléchettes !

Les crochets à venin de la mygale, appelés chélicères, sont très puissants, très développés et très efficaces.

Avant d'attaquer un ennemi,
la mygale cherche à lui faire peur.
C'est probablement pour économiser ses forces...

Le bluff

Tromper l'ennemi plutôt que de lui faire face : plusieurs petites bêtes adoptent cette attitude pour se défendre.

Personne ne bouge !

À l'approche d'un danger, certaines petites bêtes « font le mort ». Elles s'immobilisent, les pattes souvent repliées. Elles n'hésitent pas à se laisser tomber de plusieurs dizaines de centimètres de haut pour disparaître dans la végétation.

Ce coléoptère donne vraiment l'impression d'être mort… mais il attend seulement que le danger soit passé !

Avertissement en couleurs

Les prédateurs se méfient de certaines couleurs qu'ils associent à des piqûres ou à un aliment désagréable. En prenant l'apparence d'espèces portant ces couleurs, certaines petites bêtes font fuir leurs ennemis… même si elles n'ont ni arme ni mauvais goût !

Avec ses rayures jaunes et noires sur l'abdomen, cette mouche de la famille des syrphes ressemble à une guêpe… mais elle ne pique pas !

Le crache-sang doit son nom à sa réaction lorsqu'on le dérange : il crache une petite gouttelette d'un liquide rougeâtre.

« Cracher »

Pour se défendre, des petites bêtes sécrètent, par la bouche ou par les articulations des pattes, un liquide qui repousse leurs ennemis. Lorsqu'il est rougeâtre, on parle de saignée réflexe.

Les ailes du papillon-chouette, avec 2 gros ocelles semblables à des yeux, font penser à la tête d'une chouette !

Illusionniste

Grâce à ses couleurs ou aux motifs sur ses ailes, une espèce peut se faire passer pour un animal bien plus gros ou une crotte d'oiseau par exemple. L'attaquant est ainsi trompé… ou même effrayé.

Cache-cache

Passer inaperçu reste le meilleur moyen de défense des petites bêtes. Leur forme et leurs couleurs les rendent parfois presque invisibles...

Le phasme-brindille

Avec sa forme de petite branche, le phasme-brindille se camoufle facilement dans la végétation. De plus, si un danger approche, il sait rester parfaitement immobile.

Vois-tu le phasme-brindille parmi ces herbes ? Cet insecte sait passer inaperçu...

L'araignée citron attend sa proie, immobile... et presque invisible.

L'araignée citron

En prenant la couleur de la fleur ou de la feuille sur laquelle elle est posée, l'araignée citron est bien cachée. Ce type de camouflage est appelé « homochromie ».

Le géomètre du bouleau

Le géomètre du bouleau est un papillon nocturne qui passe la journée sur le tronc d'un arbre... mais pas n'importe lequel ! Il choisit toujours un bouleau, car ses ailes portent les mêmes couleurs que l'écorce de cet arbre.

Regarde attentivement l'écorce, il y a un papillon qui se cache dessus... c'est le géomètre du bouleau.

La phyllie

Au milieu de la forêt, les insectes qui prennent la forme des feuilles sont difficiles à repérer. La phyllie va encore plus loin : sa démarche est saccadée comme si elle était une feuille bercée par le vent...

Sa ressemblance étonnante avec une feuille est à l'origine de l'autre nom de la phyllie : le phasme-feuille.

La sauterelle-feuille

Insecte vivant dans les arbres, la sauterelle-feuille imite la végétation par sa forme et sa couleur. Ce déguisement remarquable ne trompe cependant pas toujours ses ennemis...

La sauterelle-feuille ressemble à la perfection à une véritable feuille... avec toutes ses imperfections !

Étonnantes constructions

Tout est bon pour se construire
un abri chez les petites bêtes :
de la terre, des cailloux, de la soie,
des restes de plantes...
et même du papier !

La maçonnerie

Pour bâtir une cachette ou un nid, la terre humide est très pratique ! La construction réalisée abrite les larves ou sert de garde-manger.

Le nid de la guêpe maçonne

Insecte souvent solitaire, la guêpe maçonne est une habile bâtisseuse. Pour construire son nid, elle forme de petits pots d'argile ou de boue. Elle y stocke des chenilles ou des araignées pour nourrir ses larves.

La guêpe maçonne roule de petites boules de terre glaise fraîche et humide qui lui serviront à bâtir son nid.

Le trou de l'osmie

L'osmie recherche des petits trous naturels. Elle les aménage en les bouchant et en tapissant l'intérieur avec de la terre. L'insecte fait un travail aussi parfait et aussi propre… qu'un vrai maçon !

Petite abeille solitaire, l'osmie construit plusieurs chambres. Dans chacune, il y a une larve et des réserves de nourriture.

Le nid de l'halicte est un puits.
Son entrée est un trou rond,
entouré de débris de terre.

Le puits de l'halicte

L'halicte est une petite abeille qui fore un puits vertical de 20 à 30 cm de profondeur dans la terre durcie des chemins ensoleillés. Parfois, plusieurs halictes s'installent côte à côte, créant alors de véritables villages.

Le papier mâché

Les insectes ont été capables de fabriquer du papier bien avant les hommes… mais pas pour écrire ou dessiner dessus !

À l'intérieur du nid, les alvéoles qui contiennent les larves sont construites avec du papier mâché.

Un nid en papier

Plusieurs espèces de guêpes et de frelons utilisent du papier mâché pour fabriquer leur nid. Pour cela, elles récupèrent du bois sur les arbres et le malaxent en le mélangeant avec leur salive. Enveloppé dans plusieurs couches de ce papier, leur nid est à l'abri des changements de température.

Cette guêpe poliste grignote un morceau de bois pour fabriquer du papier.

Le papier fabriqué par les guêpes
ou les frelons est tout zébré
car le bois rapporté
par les ouvrières provient
d'arbres différents.

Des mineurs

Installer sa maison dans le sol : c'est plus sûr ! Pour creuser, tout est utile : bouche, tête ou pattes.

Le grillon

Le grillon vit dans un trou qu'il creuse lui-même dans les prés. La galerie penchée descend à une profondeur de 20 cm. En remuant un brin d'herbe dans son trou, et avec un peu de patience, tu peux le faire sortir.

Lorsque le soleil brille, le grillon sort de sa cachette pour manger de l'herbe et des petites graines.

L'ammophile

Guêpe solitaire, l'ammophile creuse son terrier dans le sol. C'est un couloir de quelques centimètres menant à une chambre où elle dépose ses proies. Suivant leur poids, ses victimes sont transportées en vol ou traînées au sol.

Avec ses puissantes mandibules, l'ammophile peut sortir du gravier de son terrier.

Insecte d'Afrique, le scarabée de Namibie creuse le sable avec sa tête aplatie et ses pattes avant.

Le scarabée de Namibie

Dans le désert, le scarabée de Namibie s'enterre dans le sable pour fuir la chaleur des dunes. Comme les autres insectes, il respire grâce à de tout petits trous qu'il a sur l'abdomen. Ainsi, il ne risque pas de s'étouffer !

La courtilière

Comme elle vit comme une taupe et ressemble un peu à un grillon, la courtilière est surnommée la taupe-grillon. Elle creuse des galeries dans les sols humides à la recherche de larves d'insectes.

Les pattes avant de la courtilière sont larges : elles lui servent de pelles pour creuser la terre.

Le tissage

Beaucoup d'insectes et d'araignées savent fabriquer et tisser un fil appelé soie. Il peut être fin ou épais, sec ou gluant.

La soie

Plusieurs espèces de petites bêtes fabriquent de la soie. Les chenilles produisent cette fibre par la bouche et les araignées par le bout de l'abdomen. C'est un fil mou et collant qui devient dur en séchant.

Quand l'épeire attrape une proie, elle la roule rapidement dans de la soie. Elle la mangera plus tard...

Coudre son nid

Insectes très habiles, les fourmis tisserandes construisent leur nid dans des arbres en attachant des feuilles. Pour cela, elles utilisent un fil collant idéal : la soie produite par leurs larves.

La fourmi tisserande tient la larve dans sa bouche : elle s'en sert comme d'un pistolet à colle pour faire tenir les feuilles.

Un nid douillet

Les chenilles processionnaires du pin se déplacent à la queue leu leu, reliées entre elles par un fil de soie. En hiver, elles tissent un nid soyeux où elles passent la journée. La nuit, elles sortent pour se nourrir d'aiguilles de pin.

Installées dans leur nid de soie, les chenilles de la processionnaire du pin profitent des rayons du soleil.

Le cocon isolé

À la fin de sa croissance, la chenille se transforme en chrysalide, avant de devenir un joli insecte volant. Chez certains papillons de nuit, elle s'enveloppe d'abord dans un drôle d'abri en soie, qui protégera la chrysalide : le cocon.

La chenille peut passer tout l'hiver à l'intérieur de son cocon : il est solide et la protège de l'humidité.

Le cocon collectif

Les chenilles de l'hyponomeute forment des abris de soie collectifs. Elles tissent ensemble une grande toile unique qui recouvre entièrement les branches d'un arbuste. Elles dévorent ensuite toutes les feuilles.

Emballées dans un réseau dense de soie, les chrysalides de l'hyponomeute sont à l'abri des prédateurs.

Les toiles d'araignées

Pièges à insectes très efficaces, les toiles d'araignées sont construites avec de la soie, gluante ou non. Il en existe de nombreuses formes.

La toile géométrique

Les araignées dites « orbitèles » tissent des toiles aux formes régulières. Leurs fils de soie collants attrapent les insectes en plein vol. Certaines espèces restent au milieu de leur toile tandis que d'autres se cachent en attendant leur proie.

Lorsque cette toile est trop abîmée, l'araignée mange toute la soie pour en tisser une nouvelle : un joli travail de recyclage...

Ce petit dôme de soie est solidement attaché à la végétation par de nombreux fils situés au-dessus et en dessous.

Le dôme

Lorsque la toile prend la forme d'un dôme, l'araignée se tient dessous pour attendre les insectes. Elle mord sa proie directement à travers la toile et la mange sur place.

En recouvrant la végétation, certaines toiles ressemblent à une nappe ou à un hamac. Elles s'étalent parfois sur plusieurs dizaines de centimètres de large !

La nappe

La soie utilisée pour la toile en nappe ne colle pas. C'est pourquoi l'araignée doit agir très rapidement pour tuer l'insecte qui passe dessus. Sinon, il peut s'en aller. Elle le ramène ensuite dans son abri pour le manger.

Le tunnel

Un petit tube en soie dans le sol ou entre des cailloux, quelques fils de soie à l'entrée… et le piège est prêt. Lorsqu'un insecte passe à proximité et touche un des fils, c'est comme s'il sonnait à la porte de l'araignée… celle-ci sort pour le manger !

La tégénaire tisse sa toile en forme de tunnel dans les coins de ta maison, derrière un meuble le plus souvent.

Drôle de vêtement !

Avec quelques débris et un peu de soie, les larves de certains insectes se fabriquent des étuis originaux appelés «fourreaux».

Le fourreau

S'il est sur le sol ou attaché sur une plante, le fourreau contient la larve d'un papillon de la famille des psychés. Dans les rivières, ce sont les larves de trichoptères qui fabriquent ces étuis bizarres. Les adultes ressemblent à des papillons de nuit mais leurs ailes sont couvertes de poils. Il y a un petit trou à l'extrémité du fourreau pour évacuer les déchets.

Cette larve de trichoptère a confectionné un joli fourreau avec plein de minuscules cailloux colorés qu'elle a trouvés au fond de la rivière.

Les larves de trichoptères sont également appelées «porte-bois» car elles utilisent parfois des petits morceaux de bois pour construire leur fourreau.

À l'abri dans son fourreau, la larve de psyché laisse seulement dépasser sa tête et ses pattes pour pouvoir manger et se déplacer.

On recycle !

Les petites bêtes nettoient la nature.
Elles se servent de plantes
en décomposition, d'animaux morts
ou même d'excréments pour se nourrir
ou pour construire un abri.

Le bois mort

Plusieurs années sont nécessaires pour qu'un arbre mort soit entièrement mangé par les petites bêtes. Il va se transformer en terreau petit à petit…

Le bois dur

Les larves de certains capricornes, des coléoptères, sont capables de digérer le bois mort encore dur. Au fur et à mesure qu'elles mangent, elles creusent des trous et des galeries, transformant l'arbre en vrai gruyère !

La larve du capricorne ressemble à un gros ver blanc. Elle laisse la poussière de bois derrière elle lorsqu'elle fore sa galerie.

Le bois pourri

Des insectes préfèrent les arbres qui sont morts depuis très longtemps, lorsqu'ils sont déjà un peu pourris. C'est le cas de la larve du scarabée-rhinocéros. La femelle recherche les arbres morts pour y pondre.

Le scarabée-rhinocéros, dont la larve vit dans le bois pourri, doit son nom à la longue corne que le mâle porte sur la tête.

Sur le bois

Malgré sa ressemblance avec une fourmi, le clairon des fourmis est un coléoptère. Il chasse d'autres insectes qui vivent dans le bois mort. En mangeant des espèces qui peuvent tuer les arbres, il protège la forêt.

Tu peux voir le clairon des fourmis courir sur les troncs morts et les tas de bois en plein soleil.

Dans les trous

Habitant des trous des vieux troncs d'arbres, le pique-prune apprécie particulièrement ceux remplis de terreau. La femelle peut y pondre ses œufs : les larves seront à l'abri. Elles se nourriront en grignotant le tronc de l'intérieur.

Si une odeur de prune se dégage du trou d'un arbre, c'est qu'il y a un adulte de scarabée pique-prune caché à l'intérieur.

Dans le tronc

La larve du sirex, une grosse guêpe, peut rester jusqu'à 3 ans dans un tronc. Si le bois est utilisé pour fabriquer ta maison, l'adulte peut se retrouver chez toi ! Mais il ne cherchera pas à pondre de nouveau dans le bois. Il partira pour aller vivre en forêt...

Grâce à sa longue aiguille appelée « tarière », la femelle du sirex pond ses œufs à l'intérieur du tronc.

Les restes d'animaux

Appelés « nécrophages », les mangeurs d'animaux morts ne sont pas dérangés par l'odeur de décomposition. Au contraire ! C'est grâce à elle qu'ils trouvent les cadavres.

Le nécrophore

Dès qu'il a trouvé un petit animal mort, le nécrophore l'enterre tout seul, en couple ou à plusieurs. Sa nourriture est ainsi à l'abri des autres espèces. Si le sol est trop dur, il déplace le cadavre vers un endroit plus facile à creuser.

Le nécrophore pond ses œufs à côté d'un animal mort. Ainsi, les larves n'auront pas à chercher leur nourriture...

Le dermeste

La peau, les poils et les plumes ne sont pas faciles à digérer. Mais les coléoptères de la famille des dermestes les adorent ! Ils envahissent parfois les musées car ils y trouvent de la nourriture : des animaux empaillés, des collections d'insectes, divers débris...

Ce petit dermeste appelé anthrène mange aussi ce qui est fabriqué à partir de peaux d'animaux : tapis, fourrures, vêtements en cuir...

L'écrevisse utilise ses grosses pinces pour découper ce poisson mort et le manger.

L'écrevisse

Au fond des rivières et des lacs, l'écrevisse fait le ménage ! On dit qu'elle est omnivore car elle mange de tout : plantes, poissons ou petites bêtes… vivants ou morts.

Les végétaux décomposés

Les feuilles mortes qui tombent à l'automne forment un tapis. Cette litière est entièrement découpée et avalée par des petites bêtes souvent discrètes.

Manger

Le sol est un immense réservoir de nourriture. Les petites bêtes, comme les collemboles ou les acariens, découpent en minuscules morceaux les feuilles mortes et toutes sortes de détritus.

Les collemboles grouillent au sol : ils se nourrissent des débris végétaux et des champignons qui poussent dessus.

Ramasser les miettes

Le poisson d'argent est un insecte aux petites écailles argentées qui vit principalement en forêt, dans les endroits chauds et humides. Il mange les minuscules débris laissés par d'autres petites bêtes qui ont grignoté des plantes mortes.

Attiré par les miettes de pain ou le papier, le poisson d'argent entre parfois dans les maisons.

L'iule est un mille-pattes qui vit parmi les feuilles mortes.

Transformer

L'iule aime les lieux frais et sombres. La nuit, il se déplace pour manger des végétaux et des fruits pourris. En les digérant, il les transforme en terreau qui servira à nourrir les plantes.

Grâce à sa bouche qui fonctionne comme une ventouse, le ver de terre tire cette feuille dans sa galerie.

Enfouir

Les vers de terre mangent les feuilles tombées au sol. Or ils creusent des galeries à plusieurs dizaines de centimètres de profondeur. Les feuilles se retrouvent dans leurs excréments, donc enfouies dans la terre.

Les excréments

Bouses et crottins font le régal des petites bêtes appelées « coprophages ». Tu peux les voir s'agiter dessus, mais d'autres sont cachées à l'intérieur.

Ce crottin est entièrement recouvert de mouches venues pour s'accoupler et pondre dessus.

La mouche

Souvent les premières à découvrir les excréments, les mouches sont incapables de protéger cette « nourriture ». Les larves vont donc grandir vite pour se transformer le plus tôt possible en adultes… avant que d'autres espèces n'arrivent !

L'éristale gluante

Semblable à une abeille, l'éristale gluante est une mouche rayée jaune et noire. Sa larve a une forme très particulière qui est à l'origine de son surnom : « larve queue de rat ». Elle vit dans les excréments liquides.

Dans les excréments, la larve de l'éristale gluante respire grâce à un long tuyau qu'elle utilise comme un tuba.

Lorsqu'ils sont assez nombreux, les bousiers peuvent faire disparaître un crottin en moins d'une heure !

Le bousier

Très habile, le bousier forme une petite boule de crottin qu'il pousse jusque dans son terrier. Il peut ainsi la manger tranquillement ou pondre dessus. Le nid est parfois creusé directement sous une bouse.

Gentilles ou méchantes ?

Les petites bêtes jouent un rôle important dans la nature. Certaines aident l'homme à cultiver les plantes. Mais d'autres peuvent être dangereuses...

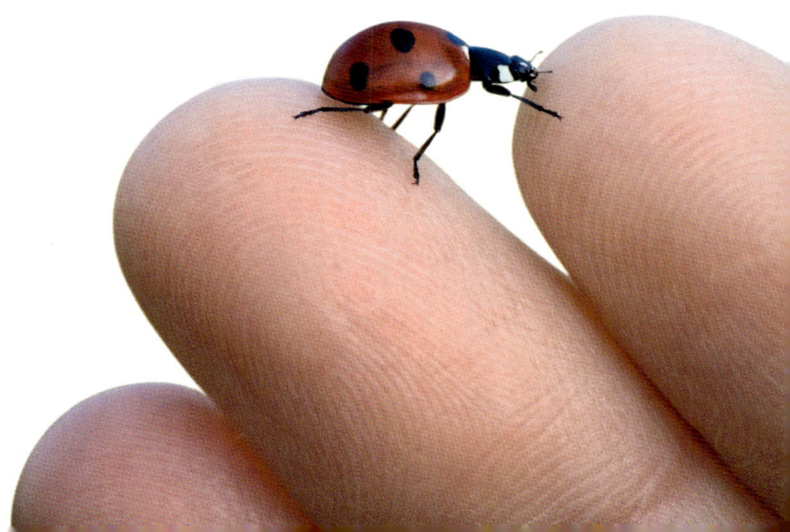

En forêt

Dans les forêts cultivées par l'homme, certaines petites bêtes, appelées ravageurs ou nuisibles, abîment les arbres. Mais d'autres doivent être protégées car elles sont très utiles !

Le scolyte

Petit coléoptère, le scolyte se développe dans l'écorce ou dans le bois des arbres malades. Seul, il n'est pas un danger pour la forêt. Mais lorsque de nombreux scolytes se rassemblent, les galeries qu'ils creusent peuvent abîmer les troncs.

Le réseau de galeries du scolyte forme de beaux dessins sous les écorces.

Le calosome éventre les chenilles qu'il va chercher jusqu'au sommet des arbres.

Le calosome

Carabe gourmand, le calosome se nourrit de larves d'insectes. Il est utile au forestier car il peut manger jusqu'à 400 chenilles en une seule saison. Il a même été introduit en Amérique du Nord pour lutter contre des papillons nuisibles.

La chenille du bombyx disparate est le ravageur forestier numéro 1 ! Très velue, elle se reconnaît à ses verrues bleues et rouges.

Le bombyx disparate

Certaines années, le bombyx disparate se reproduit en grand nombre. Ses chenilles font alors de gros dégâts : elles peuvent dévorer la totalité des feuilles des arbres sur des zones immenses.

La rosalie des Alpes

Insecte d'une beauté remarquable, la rosalie des Alpes est pourtant menacée de disparition. Elle vit dans les vieilles forêts de hêtres. Le développement de ses larves se déroule pendant 2 ans dans du bois mort.

Les hommes ont décidé de protéger la rosalie des Alpes dans de nombreux pays.

La pollinisation

Les insectes qui volent de fleur en fleur pour en aspirer le nectar transportent sur eux du pollen : c'est la pollinisation. Sans ces visiteurs, pas de fruits, pas de nouvelles fleurs !

Prélever

La poussière jaune produite par les fleurs est appelée « pollen ». C'est la semence mâle des plantes. En venant manger le nectar ou le pollen des fleurs, des insectes comme les abeilles, les papillons, les coléoptères se retrouvent couverts de minuscules grains de pollen.

Après son repas sur la fleur, le clyte-bélier repart couvert de pollen.

Transporter

Une seule fleur ne suffit pas à nourrir un insecte. Il doit donc en visiter plusieurs dizaines, voire centaines, par jour; on dit qu'il butine. À chaque fois qu'il se pose, des grains de pollen se détachent de ses poils et d'autres s'y collent.

L'abeille laisse tomber sur cette fleur quelques grains de pollen qu'elle a récupérés sur une autre fleur.

Dans les serres, on libère des bourdons afin de polliniser les plantes car ils sont moins agressifs que les abeilles.

Pollinisateur professionnel

Les abeilles ou les bourdons sont très utiles car ils aident à la fécondation de nombreuses plantes cultivées.
Les agriculteurs installent des ruches dans leurs vergers et les serres de leurs potagers pour être sûrs d'avoir des fruits ou des légumes.

Les amis du jardinier

Certaines espèces aident le jardinier : elles dévorent les autres petites bêtes qui s'attaquent à ses plantes. Elles sont les bienvenues : il ne faut donc pas les tuer !

Le ver luisant

Les larves et les adultes du ver luisant se nourrissent d'escargots, de petites limaces et de larves d'insectes. Avec une telle petite bête dans son jardin, le jardinier n'a pas à s'inquiéter pour ses salades !

Les vers luisants se mettent à plusieurs pour venir à bout d'un gros escargot.

Les punaises prédatrices

Certaines punaises ne mangent que des insectes ravageurs. Elles permettent de lutter de façon naturelle contre les « envahisseurs » du jardin. Ainsi, elles protègent les cultures de légumes ou les arbres fruitiers.

La punaise prédatrice s'attaque aux acariens, aux pucerons et aux larves d'insectes nuisibles.

Les grandes mandibules du carabe doré lui servent à tuer ses proies, comme cet escargot, et à les découper pour les manger.

Le carabe doré

Également appelé « la jardinière », le carabe doré est un grand prédateur des jardins. Il mange notamment les escargots, les limaces et les chenilles qui dévorent les poires et les pommes. C'est aussi l'un des principaux auxiliaires dans les champs de céréales comme le blé.

Le lion des pucerons

Une plante attaquée par des pucerons émet une « odeur » qui attire la chrysope : elle les dévore… C'est pourquoi on a surnommé cet insecte le lion des pucerons ! Mais il se nourrit aussi des œufs et des larves d'autres petites bêtes.

Habitant des jardins, le lion des pucerons vit aussi dans les vergers, les vignes, les forêts ou les champs cultivés.

La coccinelle

Voici la meilleure amie du jardinier : la coccinelle ! Cette espèce protège les cultures car elle mange des petites bêtes gênantes.

La coccinelle a pondu ses oeufs sur une plante attaquée par les pucerons. Les larves qui en sortent en mangeront chacune plusieurs milliers.

Un prédateur efficace

Pour reconnaître la coccinelle à 7 points, il suffit de compter les points qu'elle porte sur ses élytres rouges. Il y en a 7, ni plus ni moins. L'adulte comme la larve mangent les pucerons et les cochenilles qui peuvent tuer une plante en lui suçant la sève. C'est pourquoi les coccinelles sont élevées pour être relâchées en grand nombre sur les plantations.

Immobile dans sa chrysalide fixée sur une feuille, la nymphe de la coccinelle ne se nourrit pas. Elle consacre tout son temps à se transformer en adulte.

La femelle de la coccinelle à 7 points avale beaucoup de pucerons. Elle en a besoin pour pondre ses œufs.

Les ennemis des cultures

Certaines petites bêtes mangent les légumes et les céréales des plantations. Si elles sont trop nombreuses, elles deviennent vraiment indésirables.

La piéride du chou

La piéride du chou est un papillon de jour facile à voir. Ses chenilles se nourrissent principalement de... chou ! La multiplication des grandes cultures de ce légume a entraîné un développement important de l'espèce.

Les chenilles de la piéride pullulent en été. Elles détruisent les plantations de choux.

Le criquet migrateur

Il arrive que des millions de criquets migrateurs se rassemblent en formant un gigantesque essaim. Lorsque ce nuage d'insectes s'abat sur un champ, il ne reste plus rien au bout de quelques heures...

Le criquet migrateur vit principalement en Afrique. Il passe le plus souvent inaperçu... tant qu'il ne cause pas de ravage.

La femelle du doryphore pond entre 400 et 800 œufs au cours de sa vie ! Toutes les larves envahiront le champ de pommes de terre.

Le doryphore

Les adultes et les larves du doryphore dévorent les feuilles de pomme de terre. Autrefois, il ne vivait qu'aux États-Unis. Mais il a réussi à venir en France et il s'est installé dans de nombreux autres pays.

La limace

Racines, tiges ou feuilles : rien n'échappe à l'appétit des limaces. Lorsqu'elles s'attaquent aux très jeunes plantes, elles peuvent les manger entièrement…Elles se nourrissent de divers légumes dont les salades, les pommes de terre et autres végétaux.

Les limaces avalent jusqu'à la moitié de leur poids chaque jour. Quels dégâts dans le potager !

Les indésirables

De nombreux insectes dérangeants sont présents dans le monde entier. Ils s'attaquent aux hommes ou à l'environnement.

Le frelon asiatique

Le frelon asiatique est arrivé en France caché dans des poteries chinoises ! Il a installé un peu partout des nids plus gros qu'un ballon de foot. Il mange les abeilles, ce qui est très gênant pour les apiculteurs.

Le frelon asiatique se distingue du frelon « français » par sa coloration plus sombre, presque noire.

La mite

La larve de la mite du textile se régale avec la laine des pulls. Discrètement, au fond de l'armoire, elle mange les fibres et fait de petits trous. Elle peut également causer des dégâts sur les fourrures, les habits en coton ou en soie, et même les tapis !

Adultes, les mites sont des petits papillons blancs inoffensifs. En revanche, gare à leurs larves !

La blatte trouve sa nourriture, comme ce morceau de sucre, dans les poubelles et les placards... Elle court se cacher à la moindre alerte.

La blatte

Très discrète, la blatte vit toujours près de l'homme. Elle aime les bâtiments bien chauffés et attend la nuit pour sortir se nourrir. Elle transporte donc plein de microbes... et il est difficile de s'en débarrasser !

Le pou

Minuscule, le pou mesure de 2 à 3 mm. Il pique le cuir chevelu pour sucer le sang, ce qui donne envie de se gratter la tête ! Ses œufs blancs, appelés « lentes », sont fixés à la base du cheveu. Il faut être attentif pour les repérer.

Le pou « voyage » en passant de tête en tête... mais il ne vole pas !

Attention aux maladies !

En piquant quelqu'un, une petite bête peut transmettre une maladie. Mais il existe des vaccins pour nous protéger.

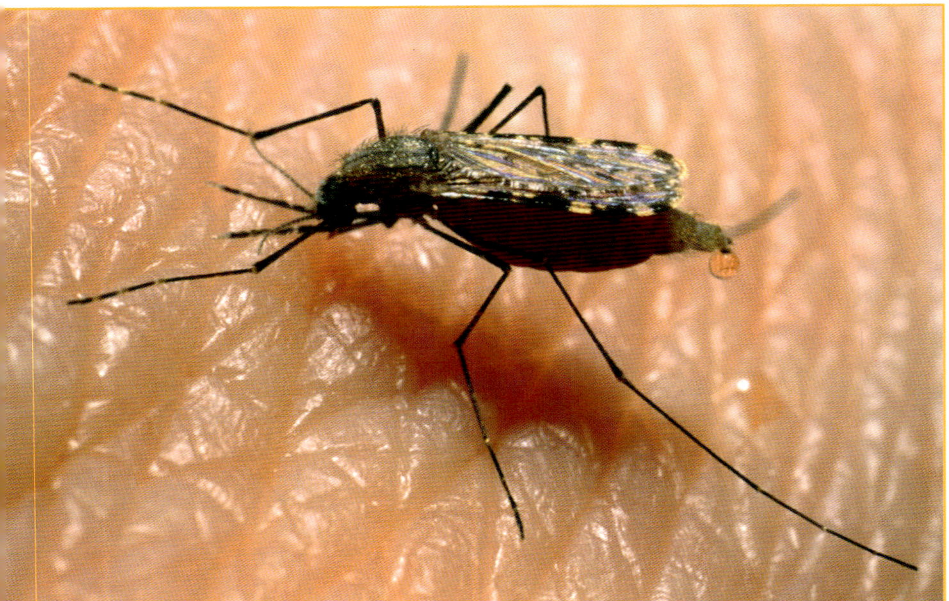

Le moustique

Dans certains pays, un moustique appelé anophèle est parfois porteur d'un microbe. Il transmet une maladie qui provoque de fortes fièvres : le paludisme ou la malaria. Chaque année, elle tue environ 2 millions de personnes dans le monde.

Au cours de ses repas successifs, l'anophèle, un moustique, peut infecter plusieurs personnes ou animaux.

La tique

Acarien vivant dans l'herbe, la tique attend qu'un animal, un chien par exemple, passe. Elle s'agrippe alors à ses poils et se fixe sur sa peau. En se nourrissant de son sang, elle peut lui transmettre des maladies.

Attention ! Quand tu te promènes à la campagne, la tique peut s'accrocher à tes vêtements.

Caché le jour, le réduve sort la nuit pour se nourrir... et piquer les hommes !

Le réduve

En Amérique du Sud, le réduve se délecte du sang des hommes. Mais sa salive peut contenir un parasite qui rend malade la personne piquée. Des milliers de personnes meurent chaque année de la maladie qu'il transmet, la maladie de Chagas.

La mouche tsé-tsé s'attaque aux humains et aux animaux domestiques.

La mouche tsé-tsé

En Afrique, une mouche donne la maladie du sommeil : c'est la mouche tsé-tsé ou glossine. Si la victime n'est pas soignée, elle peut tomber gravement malade. Dans certaines régions, les habitants s'enfuient en grand nombre pour éviter d'être piqués.

Délice des abeilles

Tu as sûrement déjà mangé du miel.
Sais-tu qu'il a été fabriqué par de nombreuses abeilles et récolté par un apiculteur ?

L'apiculture

L'élevage des abeilles s'appelle l'apiculture. Dans la nature, les abeilles vivent en groupe, l'essaim, et s'abritent dans un tronc d'arbre creux. Pour pouvoir récolter le miel, l'apiculteur leur construit une confortable maison qu'on appelle la ruche.

Pour fabriquer le miel, les abeilles utilisent le jus sucré des fleurs. Elles récoltent aussi du pollen qui forme des petites boules jaunes ou orange sur leurs pattes.

Dans la ruche, les abeilles s'affairent autour des alvéoles en cire. Ces petits trous contiennent du miel ou une larve d'abeille.

L'apiculteur doit se protéger contre les piqûres d'abeilles. Il ouvre délicatement la ruche pour récolter le miel.

Des insectes à croquer

Dans de nombreux pays et depuis très longtemps,
les hommes mangent des insectes…
parce qu'ils trouvent ça très bon !

En vente

Il est possible de trouver des insectes prêts à manger sur des marchés en plein air. On fabrique aussi des conserves de larves et de cocons de ver à soie qui sont vendues dans les supermarchés au Japon, par exemple.

En Chine, on peut acheter sur le marché des brochettes de larves de cigales et de scorpions.

Un grand choix

Plus de 2 000 espèces d'insectes sont consommées dans le monde ! Les plus abondants et les plus faciles à attraper sont ceux qui sont les plus mangés. D'autres, plus rares, sont recherchés pour leur goût particulier ou parce qu'ils sont sucrés comme des bonbons.

En Asie, les chrysalides de ver à soie sont réputées pour leur goût délicieux. On en fait même des conserves !

Les insectes peuvent être grillés sur des brochettes comme on le fait avec de la viande de bœuf ou de poulet.

Des recettes variées

Cru, grillé, bouilli, séché, fumé, nature ou en sauce : il existe de nombreuses façons de cuisiner les petites bêtes. Les larves dont la peau est molle peuvent être mangées entièrement. En revanche, la carapace des adultes doit être enlevée comme quand tu manges des crevettes.

Partout dans le monde

Les insectes sont mangés par les hommes dans plus de 100 pays situés principalement en Afrique, en Asie et en Amérique centrale. Tu peux aussi les goûter en France, dans des restaurants spécialisés.

Les insectes, comme ce phasme, font le régal de nombreux enfants dans le monde.

Index

Crédit photo

BIOSPHOTO

J. HÉRAS : 1re de couverture, p. 7 (m), 11 (b), 24 (g et d), 51 (m), 54 (g), 56 (b), 61 (h), 80-81, 83, 95 (b), 112 (b) ; J. DEVRIES/SCIENCE PHOTO LIBRARY : dos de couverture, 44 (h), 79 (h) ; D. SAMBRAUS/SCIENCE PHOTO LIBRARY : 4e de couverture (hd), 105 (h) ; F. GILSON : 4e de couverture (m et bg), p. 4, 6 (mb), 9 (b), 14 (b), 34-35, 35 (h), 38 (h), 44 (b), 60 (h), 64 (h), 69 (b), 125 ; L. CONCHON : p. 5, 27 (h), 55 (h), 74 (b), 90 (d), 96 (d) ; M. HARVEY : p. 6 (h), 38 (b), 120 (h) ; M. & C. DENIS-HUOT : p. 6 (mh), 8-9 ; P. J. DEVRIES/OSF : p. 6 (m), 22-23 ; J. BOISARD : p. 6 (b), 11 (h), 46-47, 53 ; R. CAVIGNAUX : p. 7 (h), 58-59, 77 (h), 110 (h) ; J.-P. DELOBELLE : p. 7 (mh), 68-69, 87 (h) ; J.-J. ALCALAY : p. 7 (mb), 94-95 ; D. BRINGARD : p. 7 (b), 10 (b), 32 (b), 42 (d), 50 (h), 86 (h), 89 (h), 104-105, 112 (h) ; J.-L. KLEIN & M.-L. HUBERT : p. 9 (h), 105 (b) ; P. PITTORINO : p. 10 (h), 51 (h), 111 (b) ; C.-A. MORGAN & P. ARNOLD : p. 12 (h) ; J.-C. VINCENT : p. 12 (b), 31, 62 (h), 71 (h), 82 (h) ; J.-L. GÓMEZ DE FRANCISCO : p. 13 (h) ; Dr K. WHEELER/SCIENCE PHOTO LIBRARY : p. 13 (m) ; S. KURIBAYASHI/OSF : p. 13 (b), 59 (h et b) ; O. BORN : p. 14 (h), 39 (m) ; G. GREGORY : p. 15 (h) ; H. PFLETSCHINGER & P. ARNOLD : p. 15 (b), 66 (b), 85, 100 (b) ; J.-C. CARTON : p. 16 (h), 79 (m), 86 (b), 90 (g) ; A. & H.-F. MICHLER/SCIENCE PHOTO LIBRARY : p. 16 (b) ; S. CORDIER : p. 17 (h), 79 (b) ; C. KÖNIG : p. 17 (b) ; H. P. FRÖHLICH/NATURBILD/OKAPIA : p. 18 (h) ; P. HUGUET : p. 18 (b), 64 (b), 72 (d) ; T. NICAISE : p. 19 ; A. BERLY : p. 20 (h) ; M. GUNTHER/MAU : p. 20 (b), 95 (h) ; G. PITON : p. 21, 96 (g) ; G. LOPEZ : p. 23 (h) ; M. GUNTHER : p. 23 (b), 69 (h), 76 (h) ; G. MARTIN : p. 25, 77 (b) ; J. ROSÈS : p. 26 (h), 51 (b), 98 (b), 107 (h), 108 (h) ; P. GOETGHELUCK : p. 26 (b), 27 (b), 54 (d), 81 (h), 87 (b), 89 (m) ; S. TOLLARI : p. 28 (g) ; G. KIDD/GAP : p. 28 (b) ; D. BECCALONI/SCIENCE PHOTO LIBRARY : p. 29 (h) ; M. LEFÈVRE : p. 29 (b), 41 (h), 71 (m) ; L. CASIANO : p. 30 (h et b) ; J. MENGHINI : p. 32 (h) ; L. MARIERI : p. 33 ; P. GLAUME : p. 35 (b) ; C. MILKINS : p. 36 (h) ; A. SYRED/SCIENCE PHOTO LIBRARY : p. 36 (b) ; J.-P. THERON : p. 37 ; L. MURRAY/SCIENCE PHOTO LIBRARY : p. 39 (h) ; T. MONTFORD : p. 39 (b), 74 (h) ; M. DANEGER & P. ARNOLD : p. 40 (h) ; I. CUMING/SCIENCE PHOTO LIBRARY : p. 40 (b) ; J.-J. ALCALAY & B. MARCON : p. 41 (b) ; D. HEUCLIN : p. 42 (g), 52 (b), 56 (h), 117 (b), 119 (h), 123 (b) ; M. MOSOLOVA/SCIENCE PHOTO LIBRARY : p. 43 (h) ; O. DIGOLT : p. 43 (b) ; E. HERRLING/STILL PICTURES : p. 45 ; S. HETTE : p. 47 (h) ; N.-A. PETIT : p. 47 (b) ; J. BRICOUT : p. 48 (h), 111 (h), 113, 114 (h) ; W. MENDERTS/FOTONATURA : p. 48 (b) ; C. BALCAEN : p. 49 (h) ; P. GIRAUD : p. 49 (m) ; A. EVEN : p. 49 (b) ; B. FISCHER : p. 50 (b) ; M. BRUNO : p. 55 (b) ; J.-M. PREVOT : p. 57 ; M. DUQUET : p. 60 (b) ; R. REVELS/WWI/STILL PICTURES : p. 61 (b) ; B. BORRELL : p. 62 (b), 65 (h), 82 (b), 92 (h) ; W. WISNIEWSKI/FOTONATURA : p. 63 ; P. LEBEAUX/WILDLIFE PICTURES : p. 65 (b), 100 (h) ; J.-F. CHÉREL : p. 66 (h) ; C. THIRIET : p. 67, 115 (h) ; C. VÉCHOT : p. 70 (h et b) ; B. DUBREUIL : p. 71 (b), 116 (h) ; M. RAUCH : p. 72 (g) ; J. A. JIMENEZ SAEZ : p. 73 (h) ; R. DAURIAC : p. 73 (b) ; E. BIGGI/OSF : p. 75 ; D. BEVAN/GAP : p. 76 (b) ; P. ARNOLD : p. 78 (g) ; J. VENOT : p. 78 (d) ; K. HINZE : p. 81 (b) ; OXFORD SCIENTIFIC/OSF : p. 84 (h), 120 (b) ; R. ERITJA : p. 84 (b) ; T. VAN BAELINGHEM : p. 88 (h) ; D. CLYNE : p. 88 (b) ; P. ANDRÉ : p. 89 (b) ; C. SIDAMON-PESSON : p. 91 (h) ; G. DOUWNA/SCIENCE PHOTO LIBRARY : p. 91 (b) ; B. GUENARD : p. 92 (b) ; A. & J.-C. MALAUSA : p. 93, 106 (d) ; R. GUNTER/OKAPIA : p. 97 (h) ; R. HENNO/WILDLIFE PICTURES : p. 97 (m) ; J.L. ZIMMERMANN : p. 97 (b) ; F. CHANSON : p. 98 (h) ; E. LATTES : p. 99 ; S. BONNEAU : p. 101 (h) ; K. ATKINSON : p. 101 (b) ; S. DHIER : p. 102 (g) ; C. M. BAHR : p. 102 (d) ; D. TATIN : p. 103 ; A. PASCAL : p. 106 (g) ; T. LAFRANCHIS : p. 107 (b) ; C. JARDEL : p. 108 (b) ; J. MEUL/FOTONATURA : p. 109 ; ED. RESCHKE/P. ARNOLD : p. 110 (b) ; J.-F. HELLIO & N. VAN INGEN : p. 114 (b) ; A. HART-DAVIS/SCIENCE PHOTO LIBRARY : p. 115 (b) ; CROWN COPYRIGHT COURTESY OF CSL/SCIENCE PHOTO LIBRARY : p. 116 (b) ; J.-J. ETIENNE : p. 117 (h) ; M. DOHRN/SCIENCE PHOTO LIBRARY : p. 118 (h), 119 (b) ; S. BAUER/US DEPARTMENT OF AGRICULTURE/SCIENCE PHOTO LIBRARY : p. 118 (b) ; P. SCHERMEISTER/P. ARNOLD RF : p. 121 ; C. RUOSO : p. 122 (h) ; R. PUILLANDRE : p. 122 (b) ; F. LEMMENS/LINEAIR : p. 123 (h).

CORBIS

K. WILSON/PAPILIO : p. 52 (h).